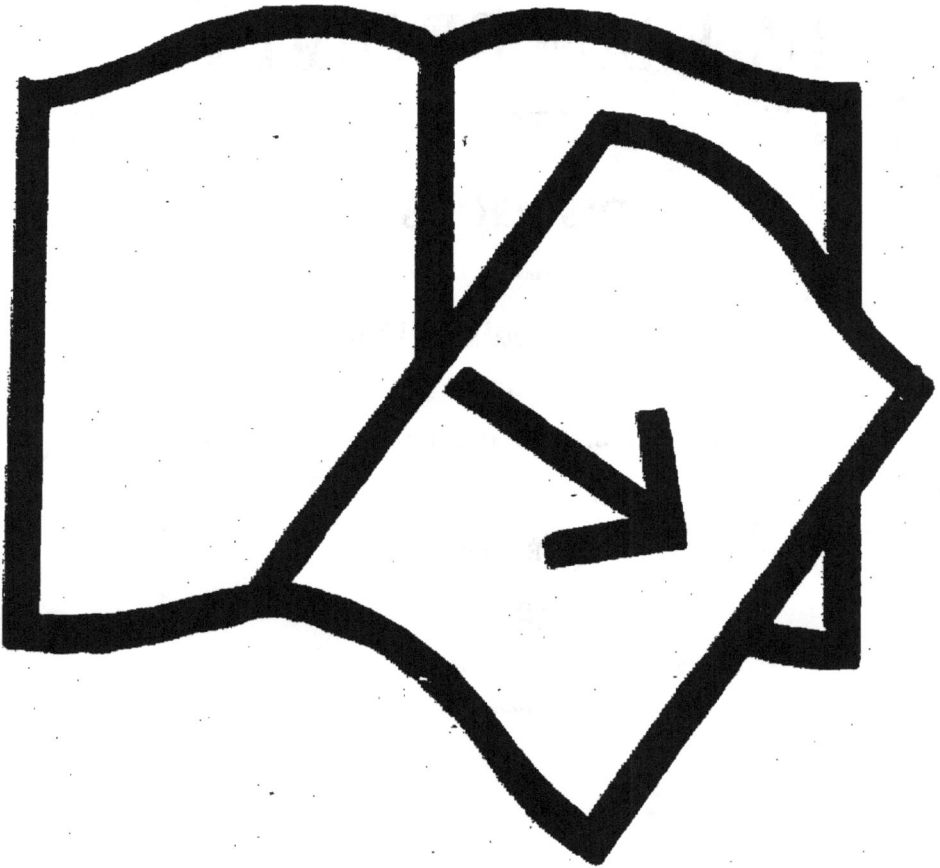

Couvertures supérieure et inférieure
manquantes

LA FRANCHE-COMTÉ

DISCOURS

PRONONCÉ

A LA DISTRIBUTION SOLENNELLE DES PRIX

DU

COLLÉGE LIBRE DE LACHAPELLE-S.-ROUGEMONT

PAR

M. L'ABBÉ AUG. CIZEL

PROFESSEUR.

MONTBÉLIARD
IMPRIMERIE P. HOFFMANN.

1878.

LA FRANCHE-COMTÉ

MONSEIGNEUR,

MESSIEURS,

Chers Élèves,

Autrefois, au soir d'une bataille gagnée, les vainqueurs divisaient entre eux les dépouilles conquises. Les droits de chaque combattant se mesuraient au courage déployé dans la lutte. Aux plus vaillants revenait la plus riche part du butin ; à ceux qui s'étaient montrés moins braves, on n'accordait qu'une portion réduite ; les lâches étaient exclus du partage, et on croyait les punir assez en les condamnant à assister à cette distribution des prix de la victoire, et à applaudir au

triomphe de leurs heureux compagnons d'armes. Nous ver-
rons dans un instant une scène semblable. A vous, chers
élèves, jeune bataillon dont nous sommes les chefs, nous
avons offert des lauriers à conquérir, et vous êtes montés à
l'assaut de ces palmes au même signal, avec le même mot
d'ordre, soutenus par les mêmes encouragements, mais le
même entrain ne vous a pas tous animés. Les uns ont hé-
roïquement combattu ; d'autres ont fait de fausses manœuvres,
et se sont servis de leurs armes comme d'une main inhabile
et défiante ; il en est enfin qui se sont trop vite désintéressés
du succès, et qui ont lâché pied après le premier effort. A
chacun selon ses mérites, c'est la loi. Les triomphateurs vont
entendre ce qu'un grand éducateur appelait pittoresquement,
dans une circonstance analogue à celle qui nous réunit, « le
coup de clairon de la gloire; » (1) les lutteurs malheureux,
dont la victoire n'a pas couronné le courage, se consoleront de
leur mauvaise fortune dans le sentiment du devoir accompli ;
le témoignage d'une conscience sans reproche leur tiendra
lieu de récompense. Quant à ceux qui ont capitulé sans com-
bat, qu'ils acceptent, comme châtiment de leur faiblesse,
l'ovation retentissante qui sera faite tout à l'heure à leurs
frères plus vaillants. Justice sera ainsi strictement rendue,
et alors, généreux pour tous, sans acception de personne,
nous vous licencierons pour deux mois.

Avant cette séparation, chers élèves, les traditions veulent
qu'un de vos maîtres vous adresse une dernière parole, et
c'est à moi qu'est échu ce périlleux honneur. Pourquoi ne
vous avouerai-je pas franchement que j'en suis fier ? Celui
qui ne sentirait pas tout ce qu'il a de flatteur serait indigne
d'ouvrir la bouche devant une aussi brillante assemblée.
Quel auditoire ! C'est d'abord un des Prélats les plus remarquables de l'Église de France, qui, depuis trois années, avec

(1) Le R. P. Lacordaire. Discours prononcé en 1856 à la distribution des
prix de l'école de Sorèze.

une prodigalité qui embarrasse notre reconnaissance, répand
sur notre œuvre et sur nous le flot généreux de ses bénédic-
tions et de ses tendresses ; c'est ensuite le grand député dont
la foi égale le patriotisme, et qui joint à l'éloquence de l'orateur la bravoure du soldat ; l'armée y figure en la personne
d'un de ses plus intrépides généraux ; un magistrat éminent
y représente la justice ; l'administration et l'enseignement y
comptent leurs premiers chefs ; l'Alsace y a délégué l'élite de
ses prêtres, et autour de toutes ces illustrations se groupent
les élèves et les maîtres du Collège libre, avec cette foule si
sympathique de pères, de mères, de frères, de sœurs et
d'amis, accourus de tous les points pour donner à notre fête
de famille la plus vive animation et le plus solennel éclat. Un
tel auditoire m'effraierait autant qu'il m'honore, si je ne le
savais aussi indulgent qu'il est distingué. Sûr de sa bien-
veillance, je domine ma légitime émotion, pour ne plus
songer qu'à la tâche difficile de vous intéresser un instant.

Quand le Collège libre du Haut-Rhin, semblable à un vais-
seau désemparé, fut jeté sur ce lointain rivage par le flot
montant de l'invasion et de la conquête, le Cardinal-Arche-
vêque de Besançon, dont le grand cœur fut toujours à la
hauteur de toutes les infortunes, enveloppa dans sa pourpre
l'équipage naufragé, et j'ai fait partie de la première colonie
franc-comtoise qui vint, dans l'humble mesure de ses forces,
aider vos maîtres à relever les mâts du navire échoué sur nos
côtes. Je mentirais donc à mes origines si je ne profitais pas
de cette circonstance, probablement unique, pour vous parler
d'une province, sœur de la vôtre, et devenue pour vous
comme une seconde patrie. L'Alsace a eu l'an dernier, dans
cette même enceinte, et devant ce même auditoire, les honneurs d'un panégyrique éloquent ; la Franche-Comté réclame
aujourd'hui ce privilège. Laissez donc à un de ses enfants la
jouissance de lui payer un juste tribut d'éloges, et de vous
dire ce qu'il sait du corps et de l'âme de son pays.

C'est sous vos auspices, Monseigneur, que je place cette
étude : daignez en accepter l'hommage. Parler de la Franche-
Comté, en parler devant vous, en parler ici, sur la terre
d'Alsace, c'est être trois fois heureux. Aussi, à la reconnaissance du Collège tout entier pour la nouvelle marque de
sympathie que vous lui donnez en présidant cette solennité
scolaire, permettez moi de joindre un sentiment intime de
satisfaction personnelle. Chacune de vos visites a laissé dans
nos cœurs d'inoubliables souvenirs, et nous nous unissons
tous aujourd'hui pour assurer de notre admiration le Prélat,
de notre gratitude le bienfaiteur, de notre affection filiale le
père que nous avons le bonheur de posséder pour la qua-
trième fois parmi nous.

I.

Franche-Comté !... Quel nom ! Il y a déjà toute une
révélation dans ces deux mots, et on sent bien qu'un pays
ainsi baptisé par l'histoire ne saurait être un pays vulgaire.
Franche-Comté ! Nom glorieux, qui veut dire liberté, indépendance, amour sacré du sol national, et que nous tenons
d'une des plus nobles passions qui puissent faire battre ici-
bas le cœur d'un peuple. Franche-Comté ! Nom triomphant,
qui a été plus fort que tous les despotismes, et que le déluge
de cinquante invasions n'a pas réussi à submerger dans ses
abîmes sanglants. Franche-Comté !... Nom magnifique, le
plus beau après celui de France, et que région aucune ait
porté jamais, car, pour emprunter le langage enthousiaste
d'un de nos vieux chroniqueurs, « le pays bien doré comme
« le Pérou, emperlé comme l'Inde, fourré comme la Tartarie,

« armé comme la Perse, enviné comme la Candie, bien monté
« comme l'Espagne, bien trafiqué comme les Pays-Bas, bien
« mignardé comme l'Italie, bien engrené comme la Gaule,
« peut dire que tout cela lui appartient par une simple libé-
« ralité terrestre et corporelle, mais avoir le titre de franchise
« et naïve liberté, cela monstre quelquechose de plus grand,
« et qui surpasse la condition du corps. » (1)

Et pourtant, ces conditions du corps, comme dit Gollut,
sont des plus remarquables pour notre province. Elle est
douée de toutes les perfections que réclament les exigences
d'une belle nature, et à les considérer seules, la Comté aurait
déjà pu en tirer un nom qui lui ferait honneur. Les règles
d'une pure esthétique veulent qu'un pays présente, dans les
formes extérieures de sa topographie, l'alliance de l'harmonie et de la variété. Celui qui n'offrirait aux regards du tou-
riste qu'une succession indéfinie de plaines immenses ne
plairait ni à l'imagination, ni aux yeux : tant d'uniformité
engendrerait vite la lassitude et l'ennui. De même, une région
toute en relief, hérissée de montagnes abruptes et de rochers
nus, fatiguerait par le spectacle monotone de sa nature dé-
sordonnée et sauvage. Il faut, pour le plaisir de l'œil, un
mélange heureux de ces deux éléments qui, pris à part, sont
impuissants à produire la beauté. Aussi, quand Dieu, qui
est le premier des décorateurs, a pétri l'argile d'un pays
comme il a pétri celle de l'homme à l'aurore du monde, et
qu'il lui a donné la splendeur des formes et la richesse des
lignes, la majesté sévère des altitudes unie à la grâce des
dépressions harmonieuses, l'œuvre est alors digne de l'artiste ; les horizons se succèdent avec le charme de la diversité
la plus riante, et on passe ainsi de surprises en surprises,
d'enchantements en enchantements, par toutes les phases
d'une admiration qui ne finit jamais que pour recommencer

(1) Gollut. — Mémoires de la République Séquanaise, 351.

toujours. Or, c'est du moule de cet archétype du beau, chers
Élèves, qu'est sortie notre Franche-Comté. Si, dans un seul
regard, vous pouviez embrasser un instant son magnifique
ensemble, elle vous apparaîtrait comme une mosaïque immense formée des découpures les plus savantes et des combinaisons les plus merveilleuses, et vous reconnaîtriez avec
moi, dans le désordre de son arrangement, ou plutôt dans
l'arrangement de son désordre, les splendides effets d'un art
vraiment divin.

Salut, trois fois salut, montagnes aimées de mon pays,
inoubliables sommets qui avez vu naître et mourir les générations de nos pères ! Regardez sans jalousie les Alpes, vos
altières voisines. Vous n'avez pas les mêmes formes, et cependant vous vous ressemblez, tel qu'il convient à des sœurs.

Facies non omnibus una,
Nec diversa tamen, qualem decet esse sororum. (1)

Les cimes imposantes de la longue chaîne du Jura ont, en
effet, avec les cimes alpestres ces traits de parenté que le
poète des Métamorphoses trouvait jadis dans les cinquante
filles de Neptune, et ce n'est pas sans raison que Charles
Nodier, une de nos gloires, a dit de la Franche-Comté qu'elle
est « la préface de la Suisse. » J'ai eu la témérité un instant
de vouloir vous retracer dans la variété infinie de leurs as-
pects ces belles montagnes jurassiennes, mais j'ai senti bien
vite qu'un tel tableau était au-dessus de mes forces, et la
plume est tombée de mes mains, désespérée de son irrémé-
diable impuissance. Comment peindre ces sites, tantôt gracieux, tantôt sévères, ici gais comme un sourire, là majestueux
comme une épopée, partout exubérants du pittoresque le plus
riche, toujours à la hauteur des rêves de l'imagination la plus
exigeante et la plus féconde ? Comment reproduire ces ver-

(1) Ovide. Métamorphoses, Liv. II, 1.

sants parés d'une éternelle verdure de forêts, et ces crêtes neigeuses attristées par un hiver sans fin ; ces pics qui perdent leurs têtes dans les nues, et ces abîmes qui semblent descendre à d'insondables profondeurs ; ces larges plateaux avec la végétation luxuriante de leurs grandes herbes et de leurs gigantesques sapins, ces rocs arides avec la nudité effrayante de leur stérilité, ces collines charmantes, ces vallons creux, ces torrents qui mugissent, ces cascades qui chantent, ces glaciers qui pleurent d'intarissables larmes, toutes ces voix grondantes, caressantes ou plaintives, multipliées et harmonisées par les échos, et formant, au sein de cette nature grandiose, le plus fantastique et le plus varié des concerts ... ? Et puis, après tout cela, sur ces sommets d'une structure déjà si remarquable, il faudrait élever ces mille monuments, châteaux, manoirs, donjons, forteresses, oratoires, chefs-d'œuvre de l'art moderne, ou reliques précieuses d'une civilisation disparue, qui leur ont une couronne architecturale d'une sérieuse et touchante beauté. Au pied de ces monts, et sur leurs pentes les plus adoucies, il faudrait asseoir des villes populeuses, de bruyants villages, des chalets séduisants, et donner à tous ces foyers de vie le charme qu'apporte toujours avec elle la présence de l'homme. Il faudrait encore ouvrir les flancs de ces masses énormes, pénétrer dans leurs profondeurs obscures, étudier les mines opulentes qu'elles recèlent, et nous égarer dans la nuit de leurs baumes sans fond et de leurs grottes mystérieuses. Il faudrait enfin ressusciter le peuple aimable des d'jinns, des lutins, des fées, de tous ces êtres aériens qui animaient jadis ces paysages, à l'influence desquels croyaient naïvement nos aïeux, et qui n'ont plus maintenant que l'existence poétique des légendes. Non, non ! S'appelât-il Chateaubriand ou Lamartine, l'homme est impuissant à rendre tant de merveilles dans une parole écrite ou chantée. Depuis quand la plume la plus savante ou la lyre la mieux inspirée ont-elles la vertu de traduire, pour l'oreille ou les yeux, les magnificences d'une nature

pour laquelle Dieu s'est montré si prodigue ? On dit bien
que tout cela est beau, on le répète sous toutes les formes, on
épuise pour exprimer son admiration tous les trésors du plus
riche langage, mais on n'en reste pas moins vaincu par les
insurmontables difficultés de l'impossible. Non, non ! Quel-
que soit le génie de l'artiste qui touchera jamais l'immense
clavier des langues humaines, je le défie de mettre dans un
mot la splendeur des horizons, l'harmonie des frémissements
et des murmures qu'on entend et qu'on voit dans nos belles
montagnes jurassiennes... Il regardera, il écoutera, il admi-
rera, et il se taira... Le silence n'est-il pas l'expression
la plus éloquente et la plus vraie des grandes émotions ?

Et maintenant, salut à vous aussi, plaines fertiles, vallées
ombreuses, riantes campagnes, qui développez au pied de
nos montagnes géantes l'immense nappe de vos prairies dia-
prées, de vos blondes moissons, de vos forêts sombres, de vos
pampres verts comme l'espérance, et souvent trompeurs
comme elle ! Salut, frais paysages, eaux bondissantes, ruis-
seaux jaseurs, sources limpides qui jaillissez à tous les pas,
lacs romantiques où la poésie vient bercer sa mélancolie et
ses rêves ! Salut, rivières fameuses de la Saône et du Doubs,
que César, dont vos flots ont reflété la grande figure, n'hésite
pas à appeler des fleuves ; salut, rivières charmantes de
l'Ognon et de la Loue, de l'Ain et de la Valserine, du Dur-
geon, du Salon et du Cusancin, qui livrez généreusement à
notre agriculture et à notre industrie le tribut de vos eaux
puissantes et fécondes, et dont les attraits ont enchaîné sur
notre vieux sol de Séquanie des générations si nombreuses !

Où faut-il vous conduire, chers élèves ? Quel est celui de
nos paysages que vous voulez admirer ? Je ne choisis pas, et
cependant je suis sûr que vous serez satisfaits de l'excursion.
Suivez-moi au pied du Rixou ; nous sommes aux frontières de
la Suisse, à mille mètres d'altitude. Voyez cette petite grotte

à stalactites, dominée par la forêt du Noirmont, et laissant échapper un mince filet d'eau verte.. Ce filet d'eau, c'est le Doubs, «coulant, dit Gollut, avec une lentitude admirable et tant paresseuse qu'avec les yeux difficilement peut-on discerner en qu'elle part il se meut, si quelquechose n'en fait la moustre.» Descendons un peu; j'aperçois une nacelle abandonnée... Prenons-y place, et laissons-nous aller à la dérive. Le village que nous traversons est populeux et pittoresque: c'est Mouthe, où Simon de Crépy, un descendant de Charlemagne, renonçant à l'éclat du nom, à la fortune, aux honneurs, échangea les livrées brillantes de chevalier contre la bure grossière du religieux, et fonda un des plus anciens prieurés de la province. Voilà à notre droite, les hauteurs du Mont d'Or qui se perdent dans l'estompe des nues; à gauche, le roc abrupt de Rochejean, et un peu plus loin, le lac si gracieux de Remoray. Nous entrons nous-mêmes dans le lac magnifique de Saint-Point, digne de celui que Lamartine a chanté en vers immortels. Laissons-nous bercer par ces flots harmonieux en répétant la méditation du grand poète, et en désirant, comme lui, de jeter l'ancre sur l'océan des âges pour jouir plus longtemps du charme de ces ondes, de ces rochers muets, de ces riants coteaux, de ces noirs sapins, de ces cimes sauvages, du vent qui gémit et des roseaux qui soupirent, des brises caressantes et des airs embaumés. Mais le temps est rebelle à nos vœux...

« Il coule, et nous passons.. » (1)

Le lac est déjà loin, et nous voici, côtoyant la grande route de Neufchâtel et de Lausanne, au débouché de La Cluse, à l'ombre du fort de Joux. Comme il ferait bon s'arrêter ici, dans cette vallée solitaire et profonde, et s'y abandonner un instant au charme des souvenirs.! Quelle mélancolique destinée que celle de ces roches arides où se dressèrent tour à

(1) Lamartine. Méditations poétiques: Le Lac.

tour le gai manoir, le sombre cachot, la citadelle terrible!
C'est là que tant de chevaliers firent le récit de leurs prouesses à la Terre Sainte, et que tant de châtelaines versèrent
les larmes amères de la solitude et de l'absence. La muse
d'Olivier de la Marche y soupira ses premiers vers; Mirabeau
y expia longtemps les folies de sa jeunesse; Toussaint Louverture, le Spartacus de St Domingue, y finit sa romanesque
existence; tous les pays, tous les âges de l'histoire moderne,
y abritèrent des gloires et des malheurs.. Réminiscence douloureuse! C'est de là haut que naguère la France aux abois
poussa ses derniers rugissements de lionne désespérée et
mourante, qui firent pâlir la victoire, obstinément fidèle à
d'autres drapeaux que les nôtres... Mais avançons... Admirez
là bas, au second plan du paysage, le hameau de Montpetot,
avec sa blanche chapelle, dont la Vierge miraculeuse donne
à nos pieux campagnards la pluie ou le soleil, selon les besoins de leurs récoltes; et, comme fond du tableau, les crêtes
altières du Suchet, de l'Aiguillon, de la Côte-des-Fées, qui se
dressent dans le lointain, et qui découpent l'azur du ciel à
des hauteurs vertigineuses. Saluons à présent, en passant sous
le pont jeté par Ælien Adrien, la vieille ville de Pontarlier,
envoyant aux échos les rudes harmonies de son industrie
bruyante. Voici Montbenoit, dont le temps, « qui emporte
tout, » a cependant respecté l'antique abbaye, un des monuments les plus appréciés du moyen âge. Voilà Morteau, où
les eaux du Doubs semblent, en effet, mourir tant elles
coulent paresseusement. Glissons nonchalamment sur la surface argentée du lac paisible de Chailleson, et maintenant
abordons vite, car je sens que le courant nous emporte, et
j'entends comme un mugissement effrayant.. Attendons ici
le lever de l'aurore pour connaître l'énigme de cette colère
subite du flot.. Déjà les étoiles pâlissent; l'Orient s'allume;
le soleil, tout humide de rosée, se lève dans les voiles blanchissantes de l'aube.. Regardez! Ce n'est plus une rivière,
c'est un torrent, et pourtant c'est encore le Doubs, mais

coulant sur une pente rapide, se brisant contre ces blocs entassés pêle-mêle, et furieux tout-à-coup de ce que la terre lui manque, bondissant, comme un lion échevelé, du haut d'un roc de cent pieds, dans un gouffre énorme dont la sonde n'a jamais pu mesurer la profondeur. Les premiers feux du jour tombent sur les lames blanches de ces eaux qui s'écroulent avec un bruit formidable, s'y décomposent en teintes multipliées, et donnent à cet autre Niagara l'aspect le plus saisissant. Reprenons notre promenade : nous avons maintenant la Suisse à droite et la Comté à gauche ; d'un côté le Russey et Maîche, de l'autre le Locle et La Chaux-de-Fonds ; nous entrons, mais pour un instant seulement, dans la patrie de Guillaume Tell, car le fleuve, qui s'avance jusqu'à Sainte-Ursanne, se retourne brusquement comme s'il s'était fourvoyé par mégarde sous un ciel étranger, rentre joyeusement en France, et continue à nous offrir les mêmes sites pittoresques, les mêmes paysages enchantés. C'est Audincourt, qui ébranle le sol avec les lourds marteaux de ses usines; c'est L'Isle, aux forges également retentissantes ; c'est Baume, où il suffit, dit-on, de passer pour devenir poète; c'est Roulans, étalant sur ses sommets les vestiges féodaux du manoir de ses sires, et le sanctuaire béni de Notre-Dame d'Aigremont. C'est enfin la vieille capitale de la Comté, séquanaise à son berceau, romaine ensuite malgré Vercingétorix, espagnole plus tard en dépit de ses résistances, si fièrement française enfin depuis deux siècles, où chaque place, chaque rue, chaque maison a son histoire, et offrant à l'archéologue le plus beau champ d'études, tant y sont nombreux les monuments, ruinés ou debout encore, des âges disparus.. C'est l'antique Vesontio, c'est le moderne Besançon ! Reposez-vous y, chers élèves, pendant que je vous dirai vite ce qu'est l'âme de ce grand pays.

II.

Pour bien connaître l'âme d'un peuple, il faut étudier son histoire, car, il a nécessairement subi l'influence des races avec lesquelles ses destinées l'ont mis en rapport, et son caractère primitif s'est modifié, dans un sens bon ou mauvais, au contact des civilisations et des barbaries étrangères. Il faut, de plus, tenir compte de l'empire plus ou moins grand, mais indéniable, du milieu topographique dans lequel il vit ; de même, que l'âme de l'homme n'est pas absolument indépendante du corps qu'elle anime, de même aussi l'âme d'un peuple a je ne sais quelles affinités mystérieuses avec les formes extérieures du sol où il se meut. Or, chers Élèves, qu'est-ce que le Franc-Comtois du dix-neuvième siècle ? C'est le vieux Séquanais, au cœur duquel se sont rencontrées un jour, s'unissant au sang gaulois, une goutte de sang romain et une goutte de sang espagnol pour en faire comme un type à part au milieu de la grande famille française. C'est le vieux Séquanais, revu et corrigé par les siècles, qui l'ont mêlé aux civilisations les plus étranges et les plus disparates, et grandissant en face d'une nature richement variée, qui se reflète dans son caractère, varié comme elle. Ce caractère n'est, en effet, ni âpre et anguleux comme celui de l'homme qui ne connaît que ses montagnes, ni léger et inconsistant comme celui de l'homme des plaines, mais ses facultés sont équilibrées avec la même harmonie que la structure de son sol. Le Franc-Comtois a du Gaulois la bravoure et la loyauté ; du Romain, la sûreté de jugement, la persévérance et l'énergie ;

de l'Espagnol, la conviction ardente et la piété sincère. Son imagination, souvent vive et aventureuse, est heureusement contrariée par :n remarquable bon sens, et si elle enfante rapidement la pensée, cette pensée ne prend un corps qu'avec une sage lenteur, qui se retrouve jusque dans la prononciation paresseuse du langage. Aussi, a-t-il un génie particulièrement propre à la guerre, à la diplomatie, aux sciences exactes, à la philologie, à la didactique littéraire, à l'économie politique ; comme l'a dit Francis Wey, le Franc-Comtois a une vocation de logique à outrance ; il préférera le plus souvent l'utile à l'agréable, le côté pratique des choses à la spéculation idéale, et, tout entier aux études qui demandent les combinaisons du calcul ou l'esprit de méthode, il abandonne sans regret à d'autres les champs azurés de l'imagination et de la fantaisie. Ajoutez à cela qu'il est d'une hospitalité proverbiale, d'une franchise prudente, d'une fidélité à toute épreuve, et dites-moi si un pays qui a un tel caractère n'était pas digne de se confondre à cette « noble race française, fon-« dée par Dieu même, forte sous les armes, ferme dans ses « alliances, audacieuse, prompte et redoutable » comme l'appelle notre loi Salique :

« Gens Francorum inclyta, auctore Deo condita, fortis in armis, firma pacis fœdere, audax, velox et aspera. » (1)

Après cette esquisse, laissez-moi, chers élèves, ouvrir le livre d'or de nos illustrations franc-comtoises, et proclamer devant vous quelques-uns des noms immortels que l'histoire propose à l'admiration des siècles. Je tairai ceux de nos saints ; ils se pressent trop nombreux sous ma plume, et si je voulais les nommer tous, la première étoile nous surprendrait ici avant que j'en ai achevé le catalogue glorieux...

Antè diem clauso componet Vesper Olympo... (2)

(1) Prologue de la Loi Salique. Script. rer. Franc. rom. IV.
(2) Virgile. Énéide, Liv. I, vers 374.

Ils encombrent les diptyques sacrés de l'Église, on les trouve sur les lèvres de tous les croyants, et aussi longtemps qu'il y aura sur la terre des temples et des autels, les saints de la Comté y seront l'objet d'un culte qui ne périra pas. Je voudrais taire aussi, parce qu'ils sont également trop nombreux, ceux des grands évêques qui se sont succédés depuis St Lin sur le siége de Besançon, ou qui sont partis de notre province pour illustrer par leur génie, édifier par leurs vertus, féconder de leur sang tous les coins du globe. Mais il est impossible à ma reconnaissance, à mon admiration, à ma fierté si légitime de Franc-Comtois, de ne pas saluer en passant les Hugues, les Granvelle, les Grammont, les Villefrancon, les Rohan, qui ont marqué si fortement sur notre sol l'empreinte de leurs pas, et qui ont contribué si puissamment, par la sagesse de leur administration et l'édification de leur vie, à conserver dans notre province la foi de nos premiers Apôtres Ferréol et Ferjeux. Je salue aussi avec non moins d'admiration, mais plus de sympathie, parce que, les ayant mieux connus, je les ai plus aimés, Mgr Gousset, la gloire de la théologie et l'honneur de la pourpre ; Mgr Doney, l'habile dialecticien qui ouvrit à la logique des voies nouvelles, et qui a trouvé dans Mgr Legain, un autre de nos compatriotes, un successeur digne de lui ; Mgr Gerbet, à l'imagination si poétique et au cœur si tendre ; Mgr Guerrin, le doux évêque de Langres ; Mgr Mabile, l'évêque militant de Versailles ; Mgr de Chaffoy, Mgr Cart, Mgr Besson, ces trois anges de l'Église de Nîmes, le premier si zélé, le second si pieux, le dernier si éloquent et si bien à sa place sur le siége de Fléchier ; et enfin le grand cardinal Mathieu, si Franc-Comtois par l'âme, que quarante-deux ans d'archiépiscopat avaient naturalisé parmi nous, à qui ce collège doit une gratitude si profonde, et dont le diocèse, qui l'a tant pleuré, porterait encore le deuil, si cet éminent Prélat ne revivait tout entier en vous, Monseigneur, qui avez la même intelligence, le même cœur, la même activité, les mêmes vertus.

Si la vocation religieuse séduit facilement le Franc-Comtois, la vocation militaire, qui est un autre sacerdoce, a pour lui
les mêmes attraits. Aussi notre province a-t-elle de tout temps
fourni à la patrie comme à l'Église un contingent glorieux.
Ses grands soldats sont innombrables comme ses grands
saints. A différentes époques de son histoire, elle eut à lut-
ter pour son indépendance, et César, Charles-Quint, Condé,
Louis XIV, trouvèrent à la tête de ses milices des capitaines,
dont ils ont eux-mêmes vanté la science et le courage. Je ne
les nommerai pas tous non plus, ces vaincus sublimes, dont
le sang, si généreusement versé, a fait germer sur notre sol
une riche moisson de héros. Tous nos Seigneurs ont pris part
aux Croisades ; nos comtes de Bourgogne ont tous été des
guerriers pleins de valeur, et c'est chez nous que l'illustre
confrérie militaire et religieuse des Chevaliers du Temple a
fait ses plus nobles recrues, puisque, sur les vingt-trois
grands maîtres de l'Ordre, notre pays en revendique pour sa
part cinq des plus célèbres, et, en particulier, le fameux
Jacques de Molay, dont la vie fut si orageuse et la fin si tragique. Et pour ne parler ensuite que d'une époque, voisine
de la nôtre, dans ces jours glorieux où les aigles françaises
étendaient sur le monde leurs ailes conquérantes, la Comté
ne cessa de produire des héros que quand la patrie eut cessé
de combattre. Écoutez ! c'est Moncey, le soldat sans peur et
sans reproche ; c'est de Longeville, commandant de Moscou ;
c'est Morand, gouverneur de Vienne et de Mayence ; c'est
Michaud, gouverneur de Magdebourg et de Berlin ; c'est
d'Arçon, l'inventeur des batteries flottantes ; c'est Pichegru,
un des maîtres de Napoléon Ier à l'école de Brienne ; c'est
Lecourbe, c'est Travot, c'est Gruyer, c'est Pajol.. ; c'est toute
une pléiade d'hommes vaillants, écrivant, à l'aube de ce
siècle, des bords du Tanaïs aux sommets du Cédar, avec leur
épée et leur sang, sous la dictée du grand empereur, la plus
magnifique épopée de l'histoire !

2

Et maintenant, laissez-moi grouper dans un dernier tableau d'autres illustrations, moins bruyantes peut-être, mais non moins pures , et qui achèveront de vous prouver la fécondité du sol Franc-Comtois. C'est à lui que la diplomatie et la politique doivent Jean de Carondelet, grand chancelier de Maximilien au Comté de Bourgogne ; Nicolas Perrenot de Granvelle, et le cardinal de Granvelle, son fils, ministres de Charles-Quint ; Simon Renard, leur élève et leur successeur dans la même charge ; Richardot, un des négociateurs de l'Espagne au traité de Vervins ; le comte de Saint-Germain, cet autre Abdalonyme, que les suprêmes honneurs allèrent surprendre un jour dans une métairie d'Alsace, où il vivait loin des intrigues et du bruit des cours, absorbé tout entier dans ses pratiques de dévotion et la culture de son petit domaine ; le prince de Montbarrey, Courvoisier et Bernard, ministres de Louis XVI, de Louis XVIII et de Louis-Philippe. C'est cette terre inépuisable qui a donné aux lettres Gilbert Cousin, l'ami d'Erasme ; Mairet, l'auteur de Sophonisbe, le guide de Corneille dans la voie tragique ; l'abbé d'Olivet, philologue si distingué ; l'abbé Millot, qui écrivit l'histoire de France et l'histoire d'Angleterre ; Droz, auteur de celle de Louis XIV ; Suard, traducteur de celle de Charles-Quint et de celle d'Amérique par Robertson ; Nodier, entomologiste, grammairien, publiciste, bibliophile et romancier ; X. Marmier, écrivain si délicat et conteur si charmant : tous les six, membres de l'Académie française ; le P. Lejeune de l'Oratoire, qui sut se faire une brillante réputation d'orateur dans le siècle de Bossuet ; les chroniqueurs Chifflet, Gollut et Dunod, les érudits Bergier et Bullet ; les poètes Viancin, Richard-Baudin, maîtres ès-jeux floraux, et Rouget-de-l'Isle, le biographe Weiss, le philosophe Jouffroy !

Enfin , le Franc-Comtois sera toujours fier d'avoir pour compatriotes, dans les arts, des peintres comme Gigoux, Baille, Gérome et Courbet ; des sculpteurs comme Claudet, Iselin,

Perraud et Clésinger; dans la science des lois, des jurisconsultes comme Boyvin, Curasson, Bugnet, Proudhon, Dalloz et Valette; dans les sciences naturelles et expérimentales, des physiciens et des chimistes comme Romé de l'Isle, Pasteur et Pouillet; des médecins comme Bichat, des chirurgiens comme Desault, et, pour terminer cette longue énumération par un nom qui fait pàlir tous les autres, et qui suffirait seul à la gloire d'un peuple, des naturalistes comme Georges Cuvier !

J'ai fini, chers élèves, et vous pressentez ma conclusion. Paris offre depuis trois mois au monde un magnifique spectacle. Toutes les merveilles du globe s'y sont donné rendez-vous, et les cent voix de la renommée vous convient à cette féerie brillante de la civilisation moderne. Si votre bourse d'écolier vous permet cette jouissance, allez admirer le gigantesque étalage du Trocadero. L'Église a toujours aimé, quoiqu'on en dise, les lettres, les sciences et les arts ; elle encourage, au lieu de les condamner, ces expositions solennelles du progrès humain, sûre que la gloire la plus grande n'en peut revenir qu'à Dieu. Allez donc, chers élèves, applaudir à la scène sublime que jouent sur ce prodigieux théâtre toutes les nations de l'univers.. Mais si votre budget, trop maigre, vous refuse une place à cette représentation nationale, quittez pour un temps, votre Alsace, que vous connaissez, et venez visiter notre Franche-Comté, que vous ne connaissez pas. Venez faire la chasse aux papillons de ses plaines, et remplir vos herbiers des fleurs de ses montagnes; venez y chercher des inspirations pour vos crayons encore novices, et pour vos lyres encore mal accordées.. Vous y trouverez partout l'art et la poésie. Vous y trouverez de plus une hospitalité généreuse et des sympathies consolantes. C'est en vain que la conquête a élevé entre votre pays et le nôtre une barrière sanglante : par dessus cette barrière, leurs mains se serrent affectueusement ; la Franche-Comté et l'Alsace n'en resteront pas moins deux sœurs qui s'aiment, et que tous les politiques du monde ne réussiront pas à désunir. — Venez chez nous, chers élèves ; c'est le cœur qui vous y convie ; c'est le cœur qui vous y accueillera... Venez, et j'en réponds, vous serez contents du voyage.

MONTBÉLIARD, IMPRIMERIE P. HOFFMANN.

www.ingramcontent.com/pod-product-compliance
Lightning Source LLC
Chambersburg PA
CBHW060716280326
41933CB00012B/2452